SOCIÉTÉ D'INSTRUCTION RÉPUBLICAINE

LES PRINCIPES ET LES MŒURS

DE

LA RÉPUBLIQUE

Par Jules BARNI

Député de la Somme

Professeur honoraire à l'Académie de Genève

Ancien Inspecteur général de l'Instruction publique

PARIS

SOCIÉTÉ D'INSTRUCTION RÉPUBLICAINE,
rue Saint-Jacques, 161,

ARMAND LE CHEVALIER, éditeur, 61, rue de Richelieu

ERNEST LEROUX, éditeur, 24 rue Bonaparte

1873

LES PRINCIPES

ET LES MŒURS

DE LA

RÉPUBLIQUE

PAR

JULES BARNI

Député de la Somme
Professeur honoraire à l'Académie de Genève
Ancien Inspecteur général de l'Instruction publique

PARIS

SOCIÉTÉ D'INSTRUCTION RÉPUBLICAINE
161, RUE SAINT-JACQUES, 161
ARMAND LE CHEVALIER, ÉDITEUR,
61, RUE DE RICHELIEU, 61
ERNEST LEROUX, ÉDITEUR
24, RUE BONAPARTE

1873

LES PRINCIPES ET LES MOEURS

DE LA

RÉPUBLIQUE

AVANT-PROPOS

Ce petit livre n'a d'autre prétention que de concourir à la diffusion des idées républicaines; s'il atteint son but, je me flatte qu'il aura rendu un grand service à notre chère et malheureuse patrie.

Tous les despotismes qui ont pesé sur ce pays, particulièrement le bonapartisme, qui l'a poussé à l'abîme, ont travaillé à obscurcir les caractères. Il s'agit de remettre de la clarté dans nos mœurs. Ce sont là les premières conditions de notre régénération. Puisse ce livre aider à cette œuvre de salut !

Jules BARNI

PREMIÈRE PARTIE

Les Principes républicains

I

QU'EST-CE QUE LA RÉPUBLIQUE ?

République signifie *chose publique*, la chose de tous

La chose publique, c'est-à-dire tout ce qui intéresse à la fois tous les membres d'une société constituée en Etat : par exemple, l'intégrité du sol national, l'indépendance et l'honneur de la patrie, les droits des citoyens, etc., cette chose de tous doit être l'œuvre de tous: tous y doivent participer par le suffrage, par l'impôt, par le service militaire.

Ainsi a-t-on dit justement que la République était le gouvernement de tous par tous.

Dans ce système, il n'y a plus un *maître*, roi ou empereur, et des *sujets*, mais des *Citoyens* également soumis à la loi commune qu'ils se sont donnée à eux-mêmes dans l'intérêt de tous. Le gouvernement n'est plus au-dessus ou en dehors de la nation; il se confond avec la nation elle même.

Telle est la République.

L'admirable devise de nos pères: *Liberté, Égalité, Fraternité*, en résume les principes fondamentaux. Expliquons-les successivement.

II

QU'EST-CE QUE LA LIBERTÉ?

La liberté est, dans son principe, la faculté qui permet à l'homme de se diriger lui-même, de disposer de lui-même, en un mot d'être *son propre maître*, au lieu d'être la chose d'un autre, comme un outil ou un animal.

Cette faculté, qui le distingue ainsi de la bête et lui donne la responsabilité de sa conduite, exige qu'il ne soit entravé dans aucun de ses actes, à moins que ceux-ci n'aient pour effet de porter atteinte à la même liberté dans ses semblables.

Il doit donc pouvoir, sous cette condition, penser et parler librement, travailler librement, user librement du fruit de son travail, etc.

C'est précisément pour assurer l'exercice de toutes ces libertés naturelles et la jouissance des biens qui en dérivent, que sont institués les lois et les pouvoirs publics. Malheureusement les gouvernements ont presque toujours usé de leur autorité pour opprimer les peuples à leur profit. Telle est la tendance de tous les gouvernements monarchiques et aristocratiques : ils traitent les hommes comme des troupeaux. L'esprit du gouvernement républicain est, au contraire, de respecter en eux la dignité inhérente à leur titre d'hommes, et d'en faire de libres citoyens.

Le lien civil qui les unit leur impose, il est vrai, certaines obligations qui semblent restreindre leur liberté ; mais dans le système républicain, d'une part, les lois et les pouvoirs publics auxquels ils sont soumis, loin d'y porter atteinte, ne font qu'en assurer réellement le légitime exercice, en accordant la liberté de chacun avec celle de tous, et, d'autre part, c'est d'eux-mêmes qu'émanent ces lois et ces pouvoirs publics, établis par tous dans l'intérêt de tous.

En somme, gouvernement de soi-même, soit dans l'individu, soit dans le peuple entier, voilà la liberté.

Elle est le premier principe du gouvernement républicain.

L'égalité en est la conséquence nécessaire.

III

QU'EST-CE QUE L'ÉGALITÉ?

La liberté, qui attribue à l'homme le gouvernement de lui-même et constitue sa personnalité, n'est pas un privilége, mais elle est l'apanage de l'humanité elle-même. A ce titre, toutes les créatures humaines sont égales : elles ont les mêmes droits innés et inviolables. Pierre a beau être moins fort, ou moins habile, ou moins riche que Jacques, il n'en n'est pas moins, comme homme, c'est-à-dire comme être libre, l'égal de Jacques, et celui-ci abuserait de sa force, de son habileté ou de sa richesse en l'oppri-

mant, ou en le traitant comme une créature infé-
rieure.

L'égalité découle nécessairement de la liberté.
Dire que les hommes sont libres, c'est dire qu'ils
sont égaux, puisqu'en vertu de cette liberté chacun
doit être son propre maître, et que nul ne peut
se faire le maître des autres que par usurpation.

Considérée dans l'ordre civil ou politique, cette
égalité devient celle des citoyens. Ils doivent être
égaux devant la loi, en ce sens qu'ils doivent être
tous indistinctement soumis à la même loi : c'est ce
que l'on nomme particulièrement l'*égalité civile*; et ils
doivent être égaux dans la loi, en ce sens qu'il doi-
vent tous participer à la formation des pouvoirs
chargés de la faire ou de l'exécuter : c'est ce que l'on
appelle spécialement l'*égalité politique*. Sans cette
égalité, les membres de la société, au lieu de former,
comme il est juste et conforme à l'intérêt général,
un seul et même corps, sont divisés en classes dis-
tinctes et nécessairement hostiles : la loi n'étant pas la
même pour tous, on a une classe de privilégiés en
face du reste de la nation ; et tous ne participant pas
au gouvernement de la chose publique, d'un côté sont
les gouvernants et de l'autre les gouvernés.

Plus de priviléges, plus de distinctions de castes
ou de classes, tous citoyens au même titre, telle est

l'égalité dans l'Etat. Elle n'existe pleinement que dans la République.

Peut-elle aller jusqu'au nivellement de toutes les fortunes sous un même cordeau ? Non, car ce nivellement serait la ruine de la liberté. Mais ce doit être l'effet de la liberté même, éclairée par une solide instruction, et de lois habilement combinées en vue de l'intérêt public, de diminuer dans la société la misère, de développer le bien-être général et de rapprocher de plus en plus les conditions sociales.

Ceci nous conduit au troisième terme de la devise républicaine : la fraternité.

IV

QU'EST-CE QUE LA FRATERNITÉ ?

Il n'est que juste de respecter dans tout homme, par conséquent dans tout citoyen, la liberté qui lui est inhérente. Agir autrement, ce serait violer en lui un droit imprescriptible.

Il n'est que juste aussi de traiter tous les citoyens comme des égaux. Tout privilége, toute distinction de classes est contraire au droit humain, dont le droit

civil et le droit politique ne doivent être que la con-
sécration et le développement.

La liberté et l'égalité sont donc de droit
strict, et la Révolution française, en les inscrivant
dans sa devise, n'a fait que se conformer à la simple
justice.

Mais le respect du droit strict ne suffit pas dans
la société. Il ne suffit pas de ne pas attenter à la li-
berté d'autrui et de ne pas blesser l'égalité qui déri-
ve du principe même de la liberté ; pour qu'une so-
ciété d'hommes soit vraiment *humaine*, il faut qu'ils
se regardent comme faisant partie, à titre d'hommes
d'une seule et même famille, et qu'ils s'aiment com-
me des frères.

Ce nouvel élément, qui forme en eux un lien, non
pas seulement de respect, mais d'affection récipro-
que, est ce que l'on nomme la *fraternité*.

C'est ce principe qu'exprimait un poëte ancien en
disant, aux applaudissements du peuple romain :
« Je suis homme, rien de ce qui est humain ne m'est
étranger » ; que déjà la philosophie stoïcienne oppo-
sait à l'étroit esprit de la cité antique ; que l'Evangile
a nommé la charité universelle et formulé dans cette
simple maxime ; « Aime ton prochain comme toi-
même » ; qu'enfin tous les grands écrivains du
xviiie siècle ont remis si admirablement en lu-

mière, en développant cette large idée : *l'humanité*.

La Révolution française a justement pensé que sa devise resterait incomplète, si elle n'y ajoutait ce troisième terme.

Sans doute, la fraternité, qui n'est plus une chose de droit strict, mais de bienveillance et d'amour, dépend plutôt des mœurs que de la législation : elle ne se décrète pas, comme la liberté ou comme l'égalité ; mais la législation peut, au moins par l'instruction publique, contribuer à en développer le sentiment dans les âmes, et il est bon qu'elle s'en pénètre elle-même, comme d'un parfum salutaire. Quelle que soit d'ailleurs l'action de la loi à cet égard, la fraternité a un trop grand rôle à jouer dans la société pour qu'elle n'inspire pas, dans la vie privée comme dans la vie publique, toute âme vraiment républicaine.

Par elle, les ressorts s'adoucissent, les obstacles disparaissent, les problèmes sociaux, qui, sans son intervention, ne seront jamais complétement résolus se trouvent tranchés ou simplifiés. Si parfaite que puisse être la constitution d'un Etat, elle en sera toujours un complément indispensable.

Ajoutons tout de suite qu'en s'étendant à tous les hommes, à quelque race ou à quelque nationalité qu'ils appartiennent, elle doit concourir à éteindre les haines sauvages de peuple à peuple, et à faire disparaître, par l'union des diverses branches de la famille humaine, cette atroce barbarie qu'on appelle la guerre.

V

LA VERTU DANS LA RÉPUBLIQUE

Montesquieu a dit que la vertu est le fondement du gouvernement républicain, comme la peur est celui du gouvernement despotique.

La vérité de cette pensée ressort clairement de ce que nous avons exposé jusqu'ici.

Le gouvernement républicain est, avons-nous dit, celui de la chose publique, administrée par tous dans l'intérêt de tous. Il exige, par conséquent, que les citoyens dont il se compose consultent, dans la part qu'ils sont appelés à y prendre, non tel ou tel intérêt particulier, mais uniquement l'intérêt général, et qu'ils sachent y sacrifier au besoin leur intérêt. Sans ce désintéressement et ce dévouement à la chose publique, c'est-à-dire, en un mot, sans la vertu civique, il n'y a pas de République. Elle cesse d'être la chose de tous pour devenir la proie des intrigants

ou des ambitieux, exploitant au profit de leurs con-
voitises la portion de pouvoir qui leur est dévolue.
Elle est dès lors perdue, et son nom même ne tarde
pas à disparaître. Le despotisme vit d'égoïsme et de
corruption, mais les Républiques en meurent.

Précisons le rôle de la vertu dans la République
en la considérant en particulier par rapport à chacun
des principes qui composent la devise républi-
caine.

La République laisse à chaque citoyen toute sa li-
berté d'action ; mais, pour que cette entière liberté
ne dégénère pas en licence, il faut que ceux qui en
jouissent sachent se gouverner eux-mêmes et respec-
ter les droits des autres. Or, ce respect de soi-même
et des autres, qui a son principe dans celui de la di-
gnité humaine, fait précisément partie de ce qu'on
nomme la vertu. Il y a sans doute des lois pour répri-
mer la licence, qui est la négation même de la liberté ;
mais la sagesse antique l'a bien dit : « Que sont les
lois sans les mœurs ? » Sans les mœurs de la liberté,
les lois sont impuissantes à la préserver des excès qui
la ruinent et ouvrent la porte au despotisme. Citoyens,
voulez-vous vivre au sein de la République, appre-

nez à respecter en votre personne et dans celle des autres la dignité humaine?

Ce respect de la dignité humaine est aussi le meilleur garant de l'égalité que la République doit établir entre les citoyens. Quiconque respecte sincèrement la dignité humaine ne cherche pas à s'élever au-dessus de ses concitoyens, comme s'il était d'une nature à part, mais il repousse toute distinction humiliante pour eux ; et, ne prétendant pas se faire leur supérieur, il ne leur permet pas de le traiter lui-même comme un inférieur. Ainsi se fonde réellement l'égalité républicaine, qui repousse à la fois l'esprit de domination et le servilisme. Ainsi sont chassés en même temps ces deux fléaux des Républiques : la vanité avec ses insolentes prétentions, et l'envie avec ses basses révoltes.

La fraternité enfin, d'après ce que nous en avons dit, relève plutôt des mœurs que de la législation. Elle est la vertu par excellence, et cette vertu, nous l'avons dit aussi, est l'indispensable auxiliaire de toute constitution républicaine. Elle soutient et achève l'harmonie sociale.

On voit donc combien il est juste de dire, avec Montesquieu, que la vertu est le principe du gouvernement républicain. Elle est à la République ce que le vice est au despotisme.

DEUXIÈME PARTIE

Les Mœurs républicaines

Les institutions républicaines, pour se fonder et durer, supposent des mœurs républicaines. Elles portent sans doute en elles-mêmes une vertu moralisatrice ; tandis que le despotisme est essentiellement corrupteur, elles ont naturellement pour effet d'élever et d'ennoblir les âmes ; mais au moins faut-il que celles-ci les secondent et à leur tour les soutiennent. Autrement elles n'arriveraient même pas à se faire accepter, ou elles ne seraient bientôt plus qu'une lettre morte. Voyons donc quelles sont les mœurs qui doivent répondre aux institutions républicaines et leur donner la vie. Déjà, en exposant les principes fondamentaux de la République, nous avons montré comment il est vrai de dire, avec Montesquieu, que la vertu est le fondement de cette forme de gouvernement. C'est cette pensée qu'il s'agit de reprendre par le détail en analysant les mœurs qu'appelle la République.

1

LA DIGNITÉ PERSONNELLE.

Le premier point est de respecter en soi-même la dignité humaine. Celui qui s'enveloppe de cette vertu est à l'abri de tous les vices sur lesquels s'appuie le despotisme et qui corrompent les Républiques où ils se glissent. Il ne courbe point l'échine devant le pouvoir qui distribue les places et les honneurs, et ne veut rien devoir à la faveur, mais tout à son travail et à son mérite. Il ne *sollicite* jamais, suivant une expression consacrée dans la langue monarchique, mais qui doit disparaître de la langue républicaine ; et, même pour obtenir ce qu'il a conscience d'avoir mérité, il ne se fait le courtisan de personne. Ce n'est pas en lui qu'on trouvera jamais, soit dans la monarchie, l'étoffe d'un courtisan, soit dans la République, celle d'un flatteur du peuple. Le servilisme, ou, ce qui est au fond le même vice, la flatterie démagogique, lui est en horreur : il a l'âme trop fière pour y descendre, et il sait bien que, selon une énergique parole de Kant, qu'on ne saurait trop répéter (1),

(1) *Doctrine de la vertu*, p. 101 de ma traduction.

« celui qui se fait ver n'a plus droit de se plaindre
d'être écrasé. » Il n'a pas une moindre répugnance
pour le mensonge, qui est aussi une dégradation ; et,
repoussant tout masque, il veut être vrai en toutes
choses. Vous pouvez donc vous fier à sa parole ; c'est
celle d'un homme. Le même respect de la dignité
humaine inspirera à ceux qui en seront pénétrés
l'horreur de l'ivrognerie et de tous les vices qui ra-
valent l'homme au rang de la brute et souillent,
hélas ! sur une si grande échelle, nos sociétés démo-
cratiques. La sobriété, comme la sincérité, comme
cette fierté d'âme qui chasse tout esprit de courtisa-
nerie, doit être l'accompagnement et le soutien des
Républiques. Nous ne demandons pas aux républi-
cains de retourner au brouet noir des Spartiates,
mais de rejeter loin d'eux tout ce qui dégrade la per-
sonne humaine, tout ce qui tue l'amour du travail,
tout ce qui étouffe en nous le sentiment de notre res-
ponsabilité et de nos devoirs.

Ce sentiment est la condition vitale de tout sys-
tème républicain. Non-seulement il ne faut pas
étouffer le germe, mais il faut le développer dans
toute sa plénitude, si l'on veut faire des hommes ca-
pables de vivre en République. C'est de là que naît
ce respect de la dignité humaine dont nous venons
de relever l'importance. C'est par là que les citoyens

apprendront à *s'aider eux-mêmes*, au lieu de compter sur le secours d'autrui et de tout attendre de l'État. Ainsi se formera l'habitude de l'effort personnel et de l'initiative privée, si rare chez les peuples que le despotisme a tenus en tutelle, mais si nécessaire dans les Républiques.

I

LE CULTE DE LA FAMILLE

La famille est la première et la plus naturelle de de toutes les associations humaines. Elle est le noyau originaire de la société et la base même des États. Là où elle est en honneur, où ses lois sont respectées, elle est un solide fondement de la cité; le mépris de la famille et de ses devoirs est au contraire le signe certain de la décadence d'un peuple. Qu'attendre, en effet, d'une société qui traiterait légèrement la chasteté des femmes, les liens du mariage, l'éducation des enfants, le respect des parents, l'affection réciproque des frères? Elle serait nécessairement vouée à la ruine. La corruption de la famille ne peut manquer d'avoir pour effet celle de l'État, car elle ouvre la porte à toutes les autres.

Que le despotisme s'en accommode et même l'encourage, cela est dans sa nature même, puisque le caractère du despotisme, suivant la saisissante image de Montesquieu, est de jeter l'arbre par terre pour en cueillir les fruits; mais la République doit laisser l'arbre debout et l'entourer de tous ses soins. Sans doute il y a une certaine préoccupation étroite des intérêts de famille qui est un obstacle à l'indépendance du citoyen et à l'accomplissement de ses devoirs publics; mais, bien comprises, les vertus familiales sont elles-mêmes l'aliment des vertus civiques, et, loin de nuire aux intérêts généraux de la République, elles concourent à sa prospérité. Ceux-là donc commettent une profonde erreur qui croient fortifier l'État en ruinant la famille. Comme Aristote l'objectait justement à Platon, ils noient dans l'océan la goutte de miel que la nature a déposée en chacun de nous. Voulez-vous être un bon citoyen, soyez d'abord bon fils, bon époux, bon père, bon frère; vous remplirez ainsi vos premiers devoirs, et la République s'en trouvera bien. Le culte de la famille est une des conditions de son salut.

III

L'AMOUR DE LA LIBERTÉ

La République suppose dans les citoyens l'amour de la liberté. Sans cet amour, ils feraient bon marché d'une forme de gouvernement qui leur impose une tâche glorieuse sans doute, mais pénible, celle de se gouverner eux-mêmes, et ils se laisseraient aller volontiers au despotisme, qui les débarrasse de ce souci. Aussi l'amour de la liberté a-t-il été considéré de tout temps comme l'une des qualités essentielles du républicain. Mais il faut que cet amour soit éclairé par une idée exacte de la liberté.

La liberté n'est pas la *licence* : celle-ci n'est pas seulement l'abus de celle-là, elle en est la négation. Celui qui s'imaginerait que sa liberté consiste à faire tout ce qui lui plaît sans souci de celle des autres, ne serait pas l'ami, mais l'ennemi de la liberté : il la ruinerait dans son principe. La liberté ne va pas sans une règle qui en restreint pour chacun l'exercice au respect de celle des autres. Aussi est-elle identique à l'ordre véritable.

Il suit aussi de la juste idée de la liberté qu'elle

n'a non plus rien de commun avec le fanatisme de ceux qui n'admettent pas qu'on puisse penser autrement qu'eux en matière de religion, de philosophie ou de politique, et qui voudraient imposer aux autres leurs idées. Le fanatisme des sectaires de telle ou telle doctrine philosophique ou politique n'est pas moins révoltant que le fanatisme religieux; peut-être même l'est-il davantage, car il transporte dans le champ de la libre pensée les procédés de ceux qui ne songent qu'à l'étouffer. Le vrai amour de la liberté repousse le fanatisme, de quelque côté qu'il vienne. Celui qui le possède reconnaît à chacun le même droit de penser qu'il s'attribue à lui-même, et ne se montre intolérant qu'à l'égard de l'intolérance, qui supprime le droit. Il sait, d'ailleurs, que ce serait folie de vouloir mettre toutes les têtes sous un même bonnet, et que la diversité même des manifestations de la pensée est une des conditions de la recherche de la vérité.

En tout, la liberté, c'est-à-dire le libre épanouissement de toutes les facultés, le libre exercice de toutes les activités, le libre développement de toutes les ressources, est, en même temps que le droit de chacun, le meilleur instrument du bien commun. Les libertés publiques ne sont que la consécration et la garantie de cette liberté-là. C'est celle-là qu'il faut aimer, c'est celle-là qu'il faut revendiquer et défendre contre les usurpations du pouvoir, quel qu'il soit; c'est celle-là que tout vrai ami du gouvernement républicain doit savoir pratiquer pour son propre compte et respecter chez les autres. Il n'y a pas de République digne de ce nom et durable sans les mœurs de la liberté.

IV

L'AMOUR DE L'ÉGALITÉ

L'amour de l'égalité n'est pas moins essentiel dans une République que celui de la liberté. L'égalité a beau être inscrite, à côté de la liberté, dans la constitution d'un pays, ce pays ne sera pas vraiment républicain si elle n'est pas aussi dans le cœur et dans les mœurs des citoyens, si les uns cherchent à se distinguer des autres par des titres et des décorations, s'ils affectent des airs de supériorité blessants pour ceux que la nature ou la fortune n'ont pas aussi bien dotés, s'ils étalent un luxe écrasant, si enfin, au lieu de chercher à faire oublier la distance sociale qui peut exister entre eux et leurs concitoyens, ils l'accusent insolemment. Cette vanité est tout l'opposé de l'amour de l'égalité, par conséquent de l'esprit républicain. D'un autre côté, cet amour n'est pas celui d'un nivellement brutal qui égaliserait toutes les conditions, effacerait toutes les différences et confondrait toute la société dans un même néant. Il accepte les distinctions qu'on ne pourrait supprimer sans attenter à la liberté, et il n'exclut ni la reconnaissance due aux services éclatants, ni le respect dû au talent bien employé. L'amour de l'égalité n'est pas la haine de toute supériorité. S'il chasse la vanité, il ne repousse pas moins *l'envie*, cette plaie des démocraties qui appelle aussi le despotisme. Lé malheur est que le premier de ces vices, en se produisant chez les uns, excite ou envenime le second chez les autres. Voulons-nous prévenir les explosions de l'envie, gardons-nous des étalages de la vanité, et donnons à nos mœurs le cachet du véritable amour de l'égalité.

V

L'HUMANITÉ

C'est beaucoup d'aimer la liberté et l'égalité : il n'y a point de République là où ce double amour ne domine pas dans l'âme des citoyens, et c'est ici la première source d'où jaillit la vie républicaine ; mais cela ne suffit pas encore. La liberté et l'égalité ne font, comme nous l'avons dit dans la première partie de cette étude (voyez plus haut, p. 10), qu'exprimer le droit, le droit absolu, le droit strict ; mais celui qui se bornerait à respecter ce droit chez les autres, s'y attachât-il avec amour, n'établirait pas encore entre eux et lui ce lien plus intime qui doit resserrer l'union des *citoyens* par l'amour des *hommes* et consommer ainsi l'harmonie de la République. Ce sentiment, qu'on nomme d'un seul mot, si heureux, l'*humanité*, est le complément nécessaire des vertus civiques. Il inspirera aux citoyens favorisés de la fortune une sympathie active pour ceux qu'elle a déshérités, apaisera les haines qui transforment en ennemis des concitoyens de conditions diverses faits pour s'aimer et s'entr'aider, et concourra à dissiper un antagonisme qui trouble la société et menace l'existence même de la République. Citoyens, soyez *humains* les uns à l'égard des autres ; la pratique de cette simple maxime aplanira bien des difficultés, et, beaucoup mieux que la force armée, assurera la paix sociale. Elle doit être la vertu républicaine par excellence.

VI

LE RESPECT DE LA LOI

La loi, qui est, dans le système monarchique, l'expression de la volonté d'un individu, et, dans le système aristocratique, celle de la volonté d'une caste, est, dans le système républicain, l'expression de la volonté générale, de la volonté du peuple entier, statuant, soit directement, soit par l'intermédiaire de ses représentants, sur le droit commun ou l'utilité publique. Elle a droit au respect et à l'obéissance de tous les citoyens par cela seul qu'elle émane, non plus d'une volonté autocratique ou oligarchique, mais de la volonté générale exprimée par le suffrage universel. A la vérité, cette volonté générale n'est le plus souvent, en fait, que celle de la majorité des citoyens, car il est bien difficile qu'un accord absolu s'établisse entre tant d'esprits divers, sur des matières aussi délicates que celles qui font l'objet des lois ; il se peut même qu'elle s'égare, car elle n'est pas infaillible ; mais le devoir de tout citoyen n'en est pas moins d'obéir en tout cas à la loi qu'elle décrète, sauf à travailler, par les moyens légaux, à la changer, parce que cette soumission à la volonté de la majorité est la condition même de la République, et que, sans elle, celle-ci tomberait dans l'anarchie. Nous ne demandons pas aux citoyens d'aimer la loi, comme nous leur demandons d'aimer la liberté, l'égalité, la fraternité, car nous savons que, même dans la meilleure République, la loi n'est pas constamment la traduction exacte de ces grands principes, et qu'elle n'est pas toujours faite pour être aimée ; mais nous leur demandons de la respecter, quelle qu'elle soit, dès qu'elle existe et tant qu'elle subsiste, ce qui n'en interdit nullement la critique et la réforme, mais ce qui exclut la désobéissance et le recours à la force. Ils peuvent être un droit et même un devoir en face de la tyrannie d'un souverain ou d'une faction : ils sont un crime dans un État républicain. Le respect de la loi est la sauvegarde des Républiques ; il est donc aussi un des éléments essentiels de la vertu républicaine. Il faut que les citoyens s'en fassent une habitude. Cela est d'autant plus nécessaire dans les Républiques, qu'ils y jouissent d'une plus grande liberté, et que cette liberté dégénèrerait trop aisément en licence, s'ils ne s'imposaient ce frein à eux-mêmes.

VII

LE DÉVOUEMENT A LA CHOSE PUBLIQUE.

Le despotisme développe l'égoïsme et refoule l'esprit public. Lorsque l'État est entre les mains d'un homme qui en dispose à son gré et ne laisse à ses sujets d'autre rôle que celui d'obéir et de servir, quel intérêt ceux-ci peuvent-ils prendre à la chose publique ? Il ne leur reste qu'à chercher dans la jouissance personnelle un dédommagement à leur servitude. Ils s'arrangent pour satisfaire leurs appétits le plus largement possible et par tous les moyens, jusqu'au terrible lendemain que le césarisme ne manque jamais d'amener, mais auquel ils ne songent guère. La République, au contraire, qui est, comme son nom même l'indique, le gouvernement de la chose publique par les citoyens eux-mêmes, en les appelant tous à prendre part à ce gouvernement, développe en eux par là même l'esprit public et refoule l'égoïsme. Mais c'est ici le cas de répéter ce que nous avons dit précédemment d'une manière générale : il faut qu'à leur tour les mœurs lui viennent en aide. Il faut que les citoyens s'accoutument à subordonner et à sacrifier au besoin leurs intérêts personnels aux intérêts publics ; il faut qu'ils se rendent capables de désintéressement et de dévouement. S'ils se montraient avides de places, s'ils ne voyaient dans les fonctions où ils peuvent être appelés qu'un moyen de fortune, s'ils ne savaient comprimer leur esprit de personnalité et dominer leur ambition, si, en un mot, ils avaient plutôt en vue dans tous leurs actes leur chose propre que la chose publique, la République serait perdue. Aussi est-ce une grande erreur aux partisans du régime républicain de présenter le principe de l'intérêt personnel comme la base de la morale ; c'est nier l'essence même de la vertu républicaine, comme de toute vertu en général. Sans doute le gouvernement républicain est de tous celui qui, bien organisé et bien dirigé, est, en somme, le plus favorable aux intérêts particuliers de chacun, et il est parfaitement légitime d'en faire ressortir ce côté, mais il faut aussi parler aux citoyens un autre langage que celui de l'intérêt personnel, il faut faire comprendre et pratiquer la vertu de l'abnégation et du sacrifice patriotiques, le dévouement à la chose publique, si l'on veut élever leurs âmes à la hauteur des institutions républicaines et donner à ces institutions un inébranlable appui. Sans cette vertu, la République sera la proie de toutes les ambitions intestines, et les plus solides remparts ne la protégeront pas contre les conquérants du dehors.

APPENDICE

Nous croyons utile de reproduire ici, comme complément de la présente brochure, la dernière circulaire du Comité central de la *Société d'instruction républicaine* et les statuts de cette Société.

I

Société d'Instruction républicaine.

Novembre 1871.

Cher concitoyen,

'La nation française est depuis vingt-deux ans en possession du suffrage universel, et rien n'a été fait jusqu'ici pour la rendre capable de l'exercer. On sait quel parti l'empire a tiré de son ignorance; mais à la République, il faut des citoyens qui soient en état de se gouverner eux-mêmes, et par conséquent soient éclairés sur leurs droits et leurs devoirs.

En vue de cette nécessité, si impérieuse et si urgente, une *Société d'instruction républicaine* s'était formée l'année dernière, pendant l'investissement de Paris, à Tours et à Bordeaux. Des statuts provisoires avaient été publiés, un appel avait été adressé aux

amis de la cause démocratique; de nombreusesadhé-
sions étaient déjà recueillies, déjà des comités locaux
s'établissaient sur beaucoup de points, lorsque l'œu-
vre de la Société se trouva brusquement interrompue
par les événements et par la dispersion de ses fon-
dateurs.

C'est cette œuvre que nous venons reprendre au-
jourd'hui.

Nous avons revu nos statuts, nous les avons pré-
cisés et complétés, et nous avons l'honneur de vous
les adresser. Permettez-nous d'y ajouter quelques
explications qui vous feront connaître notre plan et
nos vues.

Le premier moyen indiqué par ces statuts est
l'institution de conférences populaires destinées à
faire pénétrer les idées républicaines dans les esprits
qui y sont restés jusqu'ici absolument fermés, ou qui,
ce qui ne vaut pas mieux, les ont mal comprises et
en ont fait ou s'en sont fait à eux-mêmes un épou-
vantail.

Suivant nous, pour que ces conférences produi-
sent les fruits que nous en attendons, il faut qu'elles
soient extrêmement simples, dans le fond comme
dans la forme; elles ne doivent porter que sur les
points les plus élémentaires, éviter les questions
obscures ou qui donnent matière à d'interminables

controverses, se placer sur le terrain connu où se rencontrent nécessairement tous les républicains, et présenter leur enseignement dans le langage le plus accessible à toutes les intelligences. Ce ne sont pas des discours oratoires que nous demandons, mais des instructions familières se proposant pour but d'éclairer les esprits en se mettant à leur portée.

L'œuvre des conférences, ainsi comprise, n'exige pas un art consommé de la parole : tout esprit cultivé, qui aime la République et sait exprimer clairement ses idées, peut suffire à cette partie de notre tâche. Or il doit y avoir en France, dans tous les arrondissements, un certain nombre d'hommes remplissant ces conditions et pouvant aisément fournir à notre Société les missionnaires laïques qu'elle réclame. C'est à nos comités locaux de les chercher et de faire appel à leur dévouement.

Si nous avons placé les conférences, qui instruisent par la parole, au premier rang de nos moyens, nous n'oublions pas l'utilité de l'enseignement par le livre, et notre comité central s'occupe aussi de cette partie de l'œuvre d'instruction républicaine qu'il a entreprise. Il se propose de publier, indépendamment du journal qui servira d'organe périodique à la Société, un ensemble de petits ouvrages qui seconderont l'œuvre des conférences et pourront même servir de guide et de thème aux conférenciers. Il invite les comités locaux à l'aider dans cette tâche, en répandant ces écrits à mesure qu'ils paraîtront, et en général toutes les publications populaires qu'ils jugeront utiles.

Mais afin que ces deux parties de notre œuvre, la conférence et le livre, s'exécutent avec l'esprit de suite et l'ensemble désirables, il est nécessaire que notre Société s'organise suivant le plan tracé dans nos statuts.

« Nous voudrions, disions-nous dans notre premier appel, qu'il s'établît dans chaque département un comité siégeant au chef-lieu; puis, autant que possible, dans tous les arrondissements et dans tous les cantons des comités particuliers qui correspondraient avec le premier, et, par son intermédiaire, avec le comité central. Tel est le plan qu'il conviendrait de réaliser sur toute la surface de la France. Nous ne pouvons espérer qu'il soit exécuté tout d'un coup; mais que chacun de ceux qui prendront notre œuvre à cœur fasse ce qu'il pourra dans son milieu, ce sera un commencement qui aura immédiatement son utilité et qui se développera avec le temps. »

Ce commencement existe aujourd'hui; il n'y a plus qu'à le continuer et à le développer, en donnant à tous les efforts disséminés la puissance d'une unique et vaste association.

Le comité central n'a point, d'ailleurs, la prétention de donner en quelque sorte l'investiture aux comités locaux qui se formeront au sein de la Société ou s'y rallieront. Il n'exige de ceux-ci d'autres conditions que leur adhésion aux statuts. Pour le reste, il leur laisse une entière indépendance. C'est pourquoi il n'a pas jugé à propos de tracer, comme quelques personnes le lui ont demandé, un programme détaillé qui aurait enchaîné la liberté des adhérents et aurait même peut-être été une cause de division. Il lui a paru que l'adhésion à la République, comme au seul gouvernement conforme au droit et à la raison, au seul compatible avec le principe du suffrage universel, au seul aussi qui puisse régénérer la France et lui rendre avec le travail, l'amour de l'ordre véritable, — en dit assez ; et que ce principe est assez large, assez fécond, pour qu'il n'y ait pas à exiger d'autre profession de foi.

Nous n'avons pas besoin, cher concitoyen, d'insister auprès de vous sur l'importance de l'œuvre dont nous venons de vous exposer le dessein et l'esprit. Il nous suffira de réclamer votre concours le plus actif.

Mettons-nous donc à l'œuvre !

Que partout s'organisent des comités, et que, recherchant des hommes de bonne volonté qui conviennent le mieux au genre d'enseignement qu'il s'agit de propager, ils instituent dans toutes les communes où leur action pourra s'étendre, des conférences élémentaires, en attendant les livres. Le besoin est urgent ; il n'y a plus une minute à perdre.

SALUT FRATERNEL.

AU NOM DU COMITÉ CENTRAL D'INITIATIVE,

Le bureau,

Jules BARNI, Jules CAZOT, A. DUSOLIER,
N. LEVEN, A. MARAIS, *secrétaire.*

II

Statuts de la Société d'instruction républicaine

ARTICLE PREMIER. — Il est formé, sous le titre de *Société d'instruction républicaine,* une association ayant pour but d'éclairer les citoyens sur leurs droits et leurs devoirs.

Les moyens à mettre en œuvre seront : l'institution de conférences élémentaires et la publication de petits livres sur l'histoire, la morale et la politique; la fondation de bibliothèques et de salles de lecture populaires.

Un journal, servant d'organe à la Société, rendra compte de ses travaux et de ses progrès, et il sera lui-même un de ses principaux moyens d'enseignement.

ART. 2. — Un comité central, composé de vingt membres et siégeant à Paris, est chargé de diriger l'œuvre de l'association. Il élira lui-même son bureau. — Il sera renouvelable par quart à chaque assemblée générale.

ART. 3. — Il provoquera dans chaque département la formation de comités locaux qui correspondront avec lui, soit directement, soit par l'intermédiaire d'un comité départemental.

Un comité local est réputé formé lorsqu'il est composé de dix membres au moins, qu'il a constitué son bureau et versé la moitié, au moins, des cotisations annuelles de ses membres.

Partout où il n'y aura pas encore de comité local organisé, le comité central pourra nommer un membre correspondant.

ART. 4. — Nul ne pourra faire partie de la Société que s'il est admis par les deux tiers des membres du comité auquel il sera présenté.

Le comité central pourra toujours interrompre les relations de la Société avec tout comité ou groupe local qui ne se conformerait pas aux statuts, sauf recours des intéressés à l'assemblée générale.

Art. 5. — Le minimum de la cotisation, pour tout membre de la Société, est de 12 francs par an, — Il recevra gratuitement le journal de la Société.

Les comités locaux pourront garder le quart de chaque cotisation, si leurs besoins l'exigent; le reste devra être versé dans la caisse du comité central.

Art. 6. — L'assemblée générale des membres du comité central et des délégués des comités ou groupes locaux aura lieu chaque année.

Chaque comité ou groupe local aura un délégué pour cinquante membres; deux délégués de cinquante à cent membres, et ainsi de suite par fraction de cinquante membres.

Un rapport sur l'ensemble des travaux accomplis et des résultats obtenus sera présenté à l'assemblée générale par le bureau du comité central

Les présents statuts pourront toujours être complétés ou modifiés par l'Assemblée générale, à la majorité des voix.

Toute proposition statutaire devra être déposée au secrétariat un mois avant l'assemblée générale.

Les adhésions et cotisations doivent être adressées à M. A. MARAIS, rue Saint-Jacques, 161, à Paris.

209. — Imp. Moderne, Barthier dr, rue J.-J.-Rousseau, 61.

EN VENTE :

L'Instruction républicaine, par M. Jules BARNI, député, ancien inspecteur général de l'instruction publique (2e édition).

Les Paysans avant 89, par M. Eug. BONNEMÈRE, publiciste (3e éd.), auteur de l'*Histoire des Paysans.*

La République c'est l'ordre, par D. ORDINAIRE, publiciste, 4e éd.

La Question militaire et la République, par Raymond FRANC.

Ce que disent les Bonapartistes, par A. HENRYOT, avocat à la Cour d'appel de Paris.

La vérité sur le Deux Décembre, par GEORGES LASSEZ.

Les Paysans après 1789, par M. Eugène BONNEMÈRE, publiciste.

La Liberté organisée, par Léon JOURNAULT, député de Seine-et-Oise.

Les Prétendants et la République, par D. ORDINAIRE.

La fin des Révolutions par la République, par M. H. MAZE, ancien préfet des Landes.

PARAIT DEPUIS LE 14 JUILLET :

LE PATRIOTE, *moniteur républicain du suffrage universel,* journal hebdomadaire.

Prix de l'abonnement d'un an. . . . **8** fr.

Le numéro, **10** cent. — **15** cent. en province.

POUR PARAITRE INCESSAMMENT :

Le suffrage universel, par M. MILLAUD, député du Rhône.

L'École, par M. Eug. BONNEMÈRE.

Et d'autres écrits populaires par MM. N. LÉVEN, L. RIBERT, JOIGNEAUX, MARIO PROTH, CLAMAGERAN, EDGAR QUINET, DUSOLIER, E. SPULLER, LAURENT PICHAT, J. CAZOT, etc.

CONDITIONS DE PROPAGANDE

50 exemplaires. . . . . . . **5** fr. **50**

150 — **15**

Pour renseignements et adhésions, s'adresser à M. Aug. MARAIS, 161, rue Saint-Jacques.

Imp. moderne, Barthier, d', rue J.-J.-Rousseau, 6d.